Neuf larmes d'histoires humaines poétisées

La poésie…ce souffle d'âme qui libère

Mya

Mya était une de ces trop belles femmes antillaises

Qui n'aimaient guère, qui n'aimaient plus

Son sourire apprêtement fardé rouge-baiser

Anéantissait toute envie de son passé

De faire brutalement émerger

Quelques fautes savamment oubliées

Seules à ses yeux importaient

Les ruses et les paillettes

Et parce que ce défaut éclatait

Jusqu'au creux de chacun de ses gestes

Sa fougueuse assurance attirait

Bien plus de désirs

Que ses souhaits les plus fous ne pouvaient contenir

© 2025 Danièle Michèle Doumbia
Édition : BoD · Books on Demand, 31 avenue Saint-Rémy,
57600 Forbach, bod@bod.fr
Impression : Libri Plureos GmbH, Friedensallee 273,
22763 Hamburg (Allemagne)
ISBN : 978-2-3225-0331-5
Dépôt légal : Mars 2025

Alors à chaque fois, le butin de la victoire

Accroché au cœur

La jambe fine mais solide

Mya s'échappait de ceux qui se risquaient

À vouloir la cueillir

Se succédait alors une période de silence

Emmêlée d'euphorie

Qui lui servait à compter son trésor

Et à construire ses torts

Ainsi lorsque le fauché dépité réapparaissait

Hanté par le parfum trop cher de Mya

Assise sur le rebord de son lit qui occupait tout l'espace de la pièce

Mya dénattait une nouvelle fois sa tresse

De la même mesure qu'elle laissait choir

Une longue complainte d'accusations

Le plat n'était plus chaud

Son hôte n'avait qu'à prendre

Teintée de vengeance Mya trompait le monde de l'homme

À la hauteur de la femme qu'elle n'était plus

Avait été trompée

Sans croix et sans roi

Elle menait sa vie de foire et de tapages

Trop peu affaiblie par les regards

Et à chaque soir se faisant alors complice

De cette obscure trêve

Témoin de sa guerre

Témoin de sa haine

Mya se laissait entrouvrir par l'indisciplinée légèreté

D'un secret enfermé dans le cachot de son esprit

Et déclamait :

Les bouches amères t'avaient averti

Les bouches voisines te l'avaient prédit

De Mya, ne sois pas épris

Elle prend

Elle laisse

Délaisse et se déleste

De ses charmes tu ne sauras te défaire

Tu la fianceras et elle t'abandonnera

Mya, Mya

Reine à la chevelure épaisse

Ma patience n'aura d'égal que ta peine...

Mon frère

Il m'a mis face à l'étoile du Berger

Et il m'a demandé de lui pardonner

Il a violemment brisé mes chaînes

Puis il a pleuré mes peines

Il a dénoncé ses ancêtres

Honteux

Mais coupable d'avoir dû s'y soumettre

Conscience en berne

Lécheur de fouets

Il a entendu mes cicatrices

Et d'un sourire, a voulu les guérir

Pardonne m'a- t-il dit

Célébrons ensemble le nouveau monde métis

Qu'il nous reste à bâtir

La volonté au cœur

Excluant toute rancœur

Il m'a mis face à l'étoile du Berger

Et il m'a demandé de nous réconcilier

Il avait juste manqué ses propres chaînes

Que ce système à deux vitesses

Avait installé dans nos deux têtes

Il m'avait dicté ses ordres

Brandissant l'acte divin en sentence

Pour que je me taise

Pour que j'accepte

Comme l'avaient déjà fait mes ancêtres

Il m'a demandé de lui pardonner

Et je l'ai sommé d'ajourner son désir

Sans délai

Exigeant de lui qu'il réalise

Que l'idée était compromise

Un mieux vivre

Un mieux libre

Cela aujourd'hui est difficile

Car la réconciliation, le vrai pardon

Est un don accordé aux deux cœurs

Qui ont fait le chemin de se regarder

Sans concession

Et de s'avouer avec humilité

Ces traits d'esprit qui ont participé

À cette abominable inimitié

La rébellion d'un vieillard

Couché à l'ombre de ma vie

Ma diplomatie s'est tarie

Mais mon élégance me suit

Désormais je n'ai cure

De tous ces bien-pensants

De leurs manières courtoises

Et de leurs faux-semblants

À l'eau ces grandes gens

Petits arracheurs de dents

Car condamné sur le millefeuille de mes années

Plus rien aujourd'hui ne peut m'arrêter

Ma langue a gagné le sprint

Et a vaincu mon meilleur ami

Empli de jalousie

Mes mots ont donné leur verdict

Et la belle qui me ruine

S'en est allée sans bruit

Tout mon alentour a fui

Car suspectant mes dires de les désargenter

Ils ont lancé au panier

Tous leurs vrais papiers

Victoire

J'aime ceux qui ont traversé le feu

Et ont gardé la grandeur au cœur

Et la joie d'enfant

Un peu moins naïve qu'avant

Et le sourire

Un peu plus généreux aujourd'hui

J'admire ceux qui ont traversé le feu

En réussissant même

À se préserver de la petitesse d'âme

Nourrie par la douleur des drames

Creusée par un torrent de larmes

À ces valeureux *traverseurs* de feu

Qui ont su s'arracher du chagrin du souvenir

Et de la blessure du partir

Ma Mie

Elle voulait être partout

Faire tout, ordonner tout

Et comme tous ceux

Qui craignent de manquer d'eux-mêmes

Elle se plaignait à tue-tête et sans cesse

D'être lasse de n'avoir à compter

Que sur elle-même

C'était sa manière de ne pas s'oublier

Elle exigeait d'exister

Radoter l'aidait à rassembler ses souvenirs

Surtout ceux qui la ramenaient à lui

Et parce qu'elle avait goûté à la douleur

De ne plus entendre la voix

De l'élu de son cœur

Elle s'attelait à faire entendre la sienne

Partout où elle allait

Mauvaises cartes

Je viens d'une famille

Qui ne se soucie guère des larmes de ses filles

Je n'ai en souvenir

Que très peu de bonheur d'avant

Trop d'histoires refoulées, écaillées

Éhontées, achevées, abîmées

Sans pardon, ni raison

Ne me donnant plus aucune possibilité

D'espérer une mesure d'affection

Je viens d'une famille

Où le silence est légion

Et les traumatismes d'enfant se meurent

D'avoir trop parlé

D'avoir trop saigné

Éteignant à jamais dans mes yeux

Tout sourire naissant

Je viens d'une famille

Où le cœur ne s'exprime

Que lorsque l'argent a réglé tous ses comptes

Et que le regard du monde

A balayé toute envie de liberté

Toute envie de résister

Un être timide

Parce qu'il se savait

Juge féroce

Il s'abstenait de mots

À qui voulait l'entendre

Par peur d'être condamné

De la même mesure

Qu'il évaluait

L'artiste

Voulant sauver le monde

Armé de son sourire

Il offrait des fleurs

Et de la poésie

La leçon

Ne crains pas d'embellir ta présence

De touches d'absences

Décevantes, inquiétantes

Alarmantes

Une rareté remarquable

Élève l'enthousiasme

Trop de nous s'épuisent à genoux

De partout exister alentour

Cela produit bien peu d'effet

Le manque est le secret

Savoir entretenir sa préciosité

Est un talent qui regorge de virtuosité

Beaucoup ont su à leurs dépens

Que l'Homme accorde

Trop peu de valeurs

À ceux qui le servent à toute heure